结构理论
实战
交易系统

李宇鹏 著

扫**码**看视频 理解更轻松
更多 **视频二维码** 尽在书中

STOCK

经济管理出版社
ECONOMY & MANAGEMENT PUBLISHING HOUSE

图书在版编目（CIP）数据

结构理论实战交易系统/李宇鹏著. —北京：经济管理出版社，2018.12
ISBN 978-7-5096-6072-0

Ⅰ.①结…　Ⅱ.①李…　Ⅲ.①股票交易—研究　Ⅳ.①F830.91

中国版本图书馆 CIP 数据核字（2018）第 240769 号

组稿编辑：杨国强
责任编辑：杨国强　姜楷杰
责任印制：黄章平
责任校对：赵于宇

出版发行：经济管理出版社
　　　　　（北京市海淀区北蜂窝 8 号中雅大厦 A 座 11 层　100038）
网　　址：www. E-mp. com. cn
电　　话：（010）51915602
印　　刷：三河市延风印装有限公司
经　　销：新华书店
开　　本：720mm×1000mm/16
印　　张：7.75
字　　数：90 千字
版　　次：2019 年 1 月第 1 版　　2019 年 1 月第 1 次印刷
书　　号：ISBN 978-7-5096-6072-0
定　　价：38.00 元

目　录

第二篇
结构理论实战交易系统　实战要点

第三篇
结构理论实战交易系统　思想篇

第一篇

结构理论实战交易系统 技术篇

主要讲解判断大盘或个股顶与底时结构、速率、时间、空间、趋势、形态、指标、量价的运用。

第一章

波浪理论在实战中的一些问题

波浪理论简介

波浪理论是美国证券分析家拉尔夫·纳尔逊·艾略特（R. N. Elliott）以道琼斯工业平均指数（Dow Jones Industrial Average，DJIA）为研究工具，发现并提出了一套相关的市场分析理论。波浪理论是预测股价运行到安全或风险区域的重要技术工具。

艾略特的波浪理论以时间周期为基础。他把大的运动时间周期分成时间长短不同的各种时间周期，并指出，在一个大时间周期之中可能存在一些小时间周期，而小的时间周期又可以再细分成更小的时间周期。（但是波浪理论对于每个时间周期怎样规定没有明确标准，这也是数浪千差万别的原因之一，而结构理论实战交易系统对于股价运行时间周期有了比较严格的界定。）

第一节 波浪理论的基本结构

波浪理论中每个周期无论时间长短，都是以一种模式进行，即每个周期都是由上升（或下降）的 5 个过程和下降（或上升）的 3 个过程组成。这 8 个过程完结以后，我们才能说这个周期已经结束，将进入另一个周期。新的周期仍然遵循上述的规则，这是波浪理论最核心的内容。

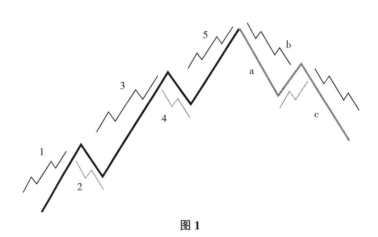

图 1

图 1 是一个上升阶段的 8 个浪的全过程。1 是第一浪，2 是第二浪，3 是第三浪，4 是第四浪，5 是第五浪。这 5 浪中，第一浪、第三浪和第五浪称为"上升主浪"，而第二浪和第四浪则是对第一浪和第三浪的"调整浪"。上述 5 浪完成后，紧接着会出现一个 3 浪的向下调整，这 3 浪是：从 5 到 a 为 a 浪、从 a 到 b 为 b 浪、从 b 到 c 为 c 浪。

应当注意，一个完整周期有上升趋势和下降趋势；而趋势是分层次的，处于层次较低的几个浪可以合并成一个较高层次的大浪，而处于层次较高的一个浪又可细分成几个层次较低的小浪。但无论趋势是何种规模，8 浪的基本形态结构都是不会变化的。

在图 1 中，从 1 浪到 5 浪我们可以认为是一个大的上升趋势，而从 5 浪顶点到 c 可以认为是一个大的下降趋势。如果我们认为 5 到 c 是 2 浪的话，那么 c 之后一定还会有上升的过程，这里的 2 浪只不过是一个更大的 8 浪结构中的一部分。

再看图 2，这是一种下跌的 8 浪结构。

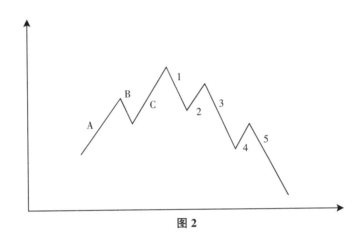

图 2

第二节　波浪理论成立的基本条件

（1）2 浪不能破 1 浪的底部。

（2）3 浪不是最小的 1 浪。

（3）4 浪调整不破 1 浪的顶部。

只有满足以上条件波浪才能够成立。也就是说，股价按波浪上涨。不满足这些条件时，说明在这个阶段股价不是按波浪上涨的（见图3）。

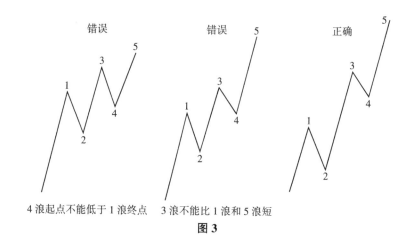

图3

这里需要明确一点，如果3浪比1浪小，那么5浪一定要比3浪小。如果出现3浪比1浪小，那么5浪比3浪大，那肯定是在数浪时把控时间周期上出现问题。需要从更多时间结构上去数。

对于波浪理论在我们普通投资者操作的个股中是否成立，我们大多数投资者感觉很难成立，经常我们操作的是2浪会破1浪底，4浪打到1浪内，而且有时根本没有5浪，我们所关心的操作的个股是卖还是买，无从下手。其主要原因是我们操作大多数是弱势股，没有主力资金运作，而主力资金运作的龙头板块龙头股往往浪行走得非常清晰。

例如：2018年1月龙头板块银行股的走势。大多数银行股五结构到位，大盘确认30分钟K线级别上涨结束（见图4）。

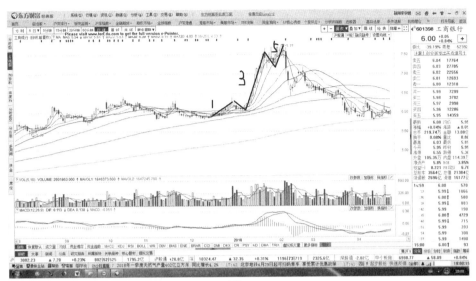

图 4

第三节　波浪中的重合浪

在投资者数浪时，对于浪的重合是一个难点。要想更好地理解浪的重合，需要了解 1 浪上涨后，调整浪的三种形态。弱势调整、强势调整、顺势调整（见图 5）。

顺势调整　　　　　强势调整　　　　　弱势调整

图 5

第一种：弱势调整。a 浪下跌后，b 浪反弹不过 a 浪下跌的起始点，c 浪下跌一定要比 a 浪终点低。见图 6 万向钱潮 2014 年上半年走势。

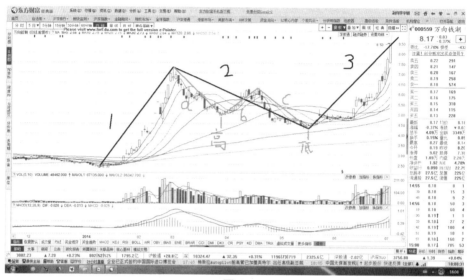

图 6

第二种：强势调整。a 浪下跌后，b 浪反弹高点接近或高于下跌 a 浪的起始点，c 浪下跌要比下跌 a 浪末端高，即不创新低。基本上调整浪不低于 1 浪上涨的黄金分割线的 50%。见图 7 创业软件 2015 年 9 月走势。

第三种：顺势调整。a 浪下跌后，b 浪反弹比下跌 a 浪的起始点高，c 浪下跌的低点要比 a 浪起始点高。见图 8 高伟达 2015 年 9 月走势。

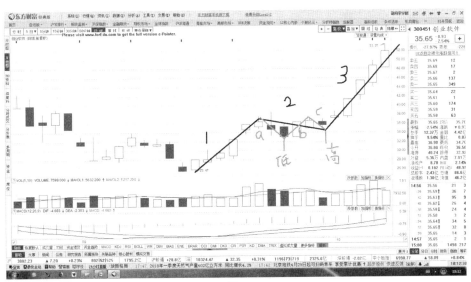

图7

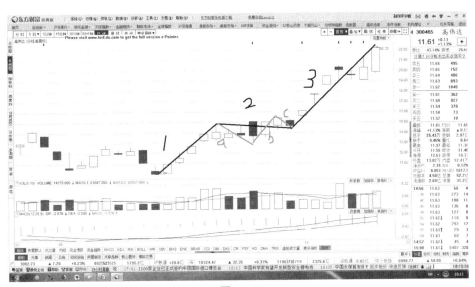

图8

　　下跌中调整方式同样分成强势调整、弱势调整、顺势调整。

　　了解以上三种调整后，对于强势调整、顺势调整在数浪时就会产生浪的重合，这样我们就不会轻易地产生错误。能预测到更准确的高点，并卖出；或更准确的低点，并买入。

例如：图 9 深成指数在 2015 年下半年走势。深色大 2 浪中的 c 小浪没有创反弹新高，就产生了深色大 2 浪中的小 b 浪与深色大 3 浪中的小 1 浪重合，深色大 2 浪中的小 c 浪与深色大 3 浪中的浅色小 2 浪重合。

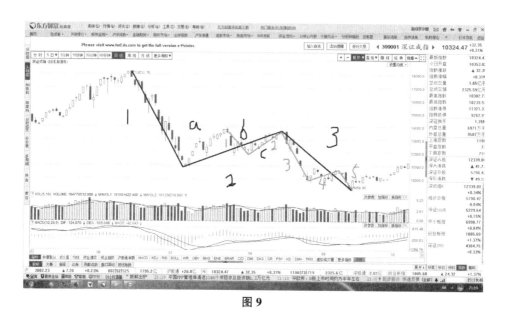

图 9

通过以上案例了解了浪的重合，但把握浪行的控制最关键是与上涨和下跌空间的与股价时间运行周期有关，以后章节中会讲到。

第四节　波浪理论数浪起点的方式

波浪理论数浪的起点不同是数浪造成差别的主要原因，数浪一般有两种起点方式，如果 2 浪调整幅度超过 1 浪 0.618 破位，那么数浪的起点可能就有两个，但哪个都对也都符合波浪理论的原理；一种是 2 浪调整不破 1 浪的 0.618 位，那么 1 浪的起点只有一种查法（见图 10 和图 11）。

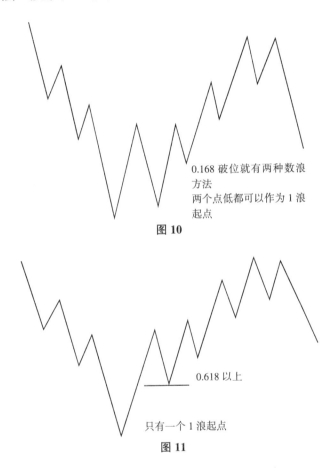

0.168 破位就有两种数浪方法
两个点低都可以作为 1 浪起点

图 10

0.618 以上

只有一个 1 浪起点

图 11

如果是两种查法，在应用的时候区别就很大，寻找卖点时就产生了差别。如果有两种查法，那么买卖时在不同的情况下有不同的用法。在大盘弱势的时候，或者你操作的股票是弱势股，以第一个低点为 1 浪的起点，不至于造成高位被套，还可以高抛卖出，因为弱势的时候 5 浪易产生失败；如果大盘在强势的时候，或者你操作的是强势股并且是热点股，可以在第二个低点作为 1

浪的起点，因为大盘强势时波浪有时会延伸，所以不至于提前将股票卖出。

第五节　波浪理论的应用原则

一、波浪理论的缺陷

波浪理论在实际应用中有很大缺陷，所以在应用中首先要了解它的缺陷在哪里。

（1）波浪理论有时只有走出下一浪才能够知道上一浪的结构。

（2）波浪理论有其滞后性，有时整个波浪走完才能查清波浪的整体结构。而结构理论可以通过级别、时间空间的控制，预测到下一个浪行的时间与空间。

（3）有些股票的走势不完全符合波浪理论。

（4）波浪理论的起点不同的人有不同的查法，所以市场上在一个波浪结构没有完成之前，数浪的方法千差万别。

二、波浪理论的应用

通过以上几点可以看出波浪理论只能用于预测，很难用于实战下单。不能因为波浪结构已够就进行买卖下单，因为波浪理论无法准确定量和浪形变化不定，所以不能按基本浪形进行下单。

波浪理论最大的不足是应用上的困难，也就是学习和掌握上的困难。波浪理论从理论上讲是 8 浪结构完成一个完整的过程，但是，主浪的变形和调整的变形都会产生复杂多变的形态，波浪所处的层次又会产生大浪套小浪、浪中有浪的多层次形态，这些都会使应用者在具体数浪时发生偏差。

浪的层次的确定和浪的起始点的确认是应用波浪理论的两大难点。波浪理论的第二个不足是面对同一个形态，不同的人会产生不同的数法，而且都有道理，谁也说服不了谁。总体看波浪理论很难有一个标准用于实战。总之：

（1）波浪只能用于预测不能用于操作下单。

（2）波浪只解决区域问题而不能解决点位问题。

（3）数浪时要注意主浪与子浪的关系。起点不同结果不同，但都符合波浪的基本理论，下一浪出现时才能正确数清上一浪的浪形。

（4）不是所有的股票都符合波浪理论，股票要基本符合以下标准才是按波浪理论运行的：2 浪不能破 1 浪的低点；3 浪不是最小的一浪；4 浪不能破 1 浪的顶。

（5）上涨浪和下跌浪的末端的突破大多是假突破。

波浪理论只有与速率、周期、空间、趋势、形态结合起来才能更好地用于实战。

第二章

结构理论实战交易系统行情级别的划分

结构理论实战交易系统是以波浪理论为主要依据。波浪理论与结构、速率、周期、时间、空间、形态、趋势相结合形成实战交易体系。

在实战操作中越来越多的人感觉到各种量价、均线、MACD等指标在实战中是落后指标，在没有量价、均线、MACD等指标时，把看似无序的K线有序化管理，提前预知个股的顶底，这里就涉及行情性质的划分。

实战中操作任何股票，首先需要了解该股票属于哪种上涨行情，该机会成立的条件即界定方法，该机会是否符合自己的理念，自己有无操作该机会的方法。所以操作股票首先要了解市场上存在哪些机会和界定方法，以便根据自己的具体情况来确定哪些机会属于自己，哪些机会不属于自己。是自己的机会坚决抓住，不是自己的机会坚决放弃，在机会的把握上要记住有舍才有得。

对于结构理论实战交易系统，我们首先了解股市中四种基本行情性质的划分：

（1）15分钟级别K线行情；

（2）30分钟级别K线行情；

（3）日线级别 K 线行情；

（4）周线级别 K 线行情。

一、15 分钟级别 K 线行情（见图 1）

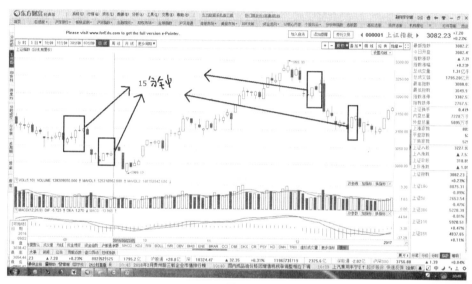

图 1

（1）15 分钟级别 K 线行情是短线交易基本行情，指在 15 分钟 K 线图上形成一个循环，它在 15 分钟 K 线图上形成一个做底、上涨、中途整理、做头、下跌的过程。从 15 分钟 K 线图上看，能明显地找到上涨波段或下跌波段。

（2）属于短线反抽机会，是一种最小的操作机会。

（3）上涨空间最小，一般上涨幅度为 10% 左右。

（4）运行时间最短，一般 3~8 天，一般个股在一个方向运行 5~6 天就有一个小方向转折。

（5）运行方式上，技术性下跌后做底简单，无明显的底部形态。上涨过程运行方式简单，短期直线上涨一步到位，中途有 K

线整理。无明显的整理形态，做头以简单的 K 线头部为主，上涨不会有效突破下降趋势，更不能形成上升趋势。

（6）风险控制：破位止损。

（7）只适用于短线操作者，趋势操作者不可参与。如图 1 所示方框内为 15 分钟级别 K 线行情。

二、30 分钟级别 K 线行情（见图 2）

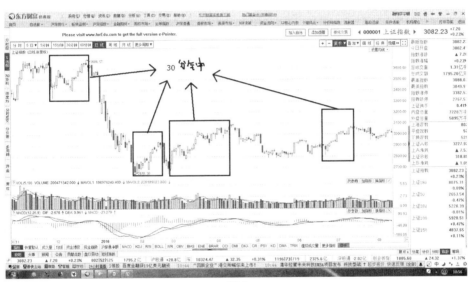

图 2

☆行情性质的划分：次级行情、技术性行情的机会！

识别视频下方二维码

关注《宇鹏解盘》微信公众平台

免费领取李宇鹏老师

独家战法资料《时空框架精讲课》

（1）30分钟级别K线行情是指在30分钟K线图上形成一个循环，它在30分钟K线图上形成一个做底、上涨、中途整理、做头、下跌的过程。从30分钟K线图上看，能明显找到上涨波段和下跌波段，次级行情中包含两个以上的15分钟级别K线行情。每年至少4~5次30分钟级别K线行情。

（2）操作机会：属于反弹机会。上涨过程中短线有K线整理风险，中期风险大。破位止损。

（3）上涨空间较小，一般上涨幅度在30%左右。

（4）时间上：运行时间较短，一般2~8周，基本上一个月左右。

（5）运行方式上：阶段性超跌后做底简单，以单一形态底部为主，上涨过程以震荡上涨为主，中途有K线整理，做头以简单的K线头部形态为主，不会有效突破实质性压力位。

（6）适用范围：波段投机者。

如图2：框内为30分钟级别K线行情。

三、日线级别 K 线行情（见图 3）

图 3

（1）日线级别 K 线行情是指在日线 K 线上形成一个循环，它在日线 K 线上形成一个做底、上涨、中途整理、做头、下跌的过程，其中包含两个以上的 30 分钟级别 K 线行情。从日线上看，能明显地找到上涨波段和下跌波段，在我国大盘每年至少有一次这种机会。

（2）运行方式上：属于中线机会。中期下跌后做底简单，以单一底部形态为主，上涨过程运行方式多样，以大涨小跌为主，中途有两次形态整理，做头以单一形态头部为主，头部也有诱多过程。

（3）空间上：上涨空间较大 ，有 30%~50%上涨的机会。

（4）时间上：运行时间较长，为 3~12 个月。

（5）风险控制：中线无风险，短线有整理风险。

（6）适应范围：趋势投机者和趋势投资者。

如图 3：方框内上证 2010 年下半年日线级别 K 线行情。

四、周线级别 K 线行情（见图 4）

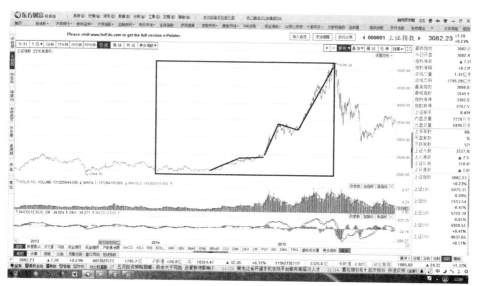

图 4

（1）是指在周线上形成一个循环，从周线上能够看到做底、上涨、中途整理、做头、下跌的过程。其中至少包含两个以上的日线级别 K 线行情，我国大盘这种机会不是每年都有的。

（2）属于长线机会，上涨空间最大，运行时间最长，一年以上。

（3）运行方式：长期大跌后，做底过程复杂，以复合形态底部为主，上涨方式多样，中途有两次以上的阶段性整理或形态整理，做头以复合形态头部为主，并且头部大多都有诱多过程。

（4）风险上：做底后长线无风险；有中线整理风险，风险控制；补仓。

（5）适应范围：趋势投机者、趋势投资者和价值投资者。

如图 4 所示：方框内上证 2014~2015 年周线级别 K 线行情。

第三章

结构理论实战交易系统时间框架的定义

掌握时间框架是为了了解不同级别 K 线的转换，技术上从大、中、小三个方面分析，从而看大做小。

结构理论操盘体系时间框架是指在我们用的操盘软件上打开 1 分钟 K 线图、5 分钟 K 线图、15 分钟 K 线图、30 分钟 K 线图、日线 K 线图、周线 K 线图时运行的 K 线图形。

只有用不同的时间框架进行分析不同的行情，才能够看清不同性质的行情运行的过程和阶段，从而把握好不同性质行情的买卖点位。

在应用时间框架时，一个行情最少要看三个时间框架。以创业板 2018 年 2~3 月走势为例：图 1 为日线 K 线、图 2 为 30 分钟 K 线、图 3 为 15 分钟 K 线。

（1）日线 K 线走势（大时间框架），主要作用是确定行情的空间和相对价位、结构位置，判断是否具备产生某一行情的基本条件。

（2）30 分钟 K 线走势（主时间框架），是分析判断该行情处于哪个过程哪个阶段以及是否发出买卖信号，是否处于持股期的时间周期。

图1

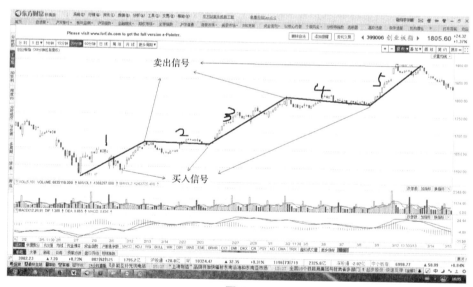

图2

（3）15分钟K线走势（主时间框架对应的小时间框架），它的作用是在主时间框架发出买卖信号后寻找下单点位的时间框架。以及分析主时间框架中每一个上升、下跌、整理波的小结构走势（每一波段的顶、底、上升整理的过程）和波段操作的买卖点位。

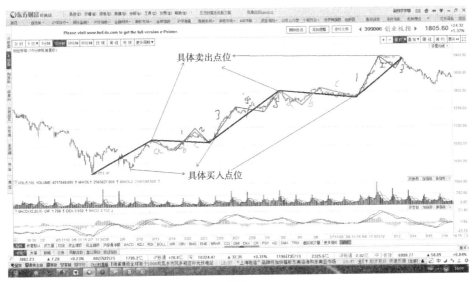

图3

要点：主时间框架是根据行情性质而定的。在应用时，主时间框架发出买卖信号后才能用对应的小时间框架下单买卖，持股与否是以主时间框架为主的。

结构理论操盘体系注意时间框架对应关系：

（1）周==日==30分钟==15分钟==5分钟==1分钟

（2）前一个周期的一个波段是由后一个周期两个或两个以上同向波段，一个或一个以上反向波段组成的。

例如：周线级别一个上涨波段等于日线级别两个或两个以上上涨波段，一个或一个以上调整波段。

以2016~2017年上证50的上涨为图例（见图4）。

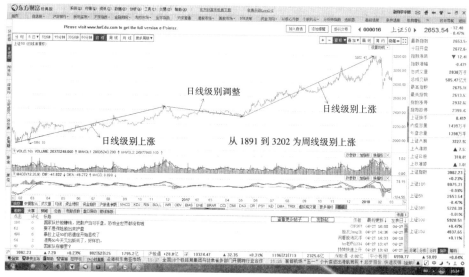

图 4

（3）当然这是从理论上论述的，只是给大家一个看盘思路，具体走势不一定是这种方式，但基本思路是对的，只是结构数量有所改变。通过理解这种标准思路之后，我们看盘时会理解很多变的思路。

☆行情性质的划分：时间框架的基本概念和作用！

扫描二维码

观看李宇鹏老师视频讲解

免费领取李宇鹏老师

独家战法资料《时空框架精讲课》

第四章
结构理论实战交易系统对于趋势的应用

在证券市场"顺势而为，不逆势而动"，已经成为投资者的共识。趋势分析是技术分析的第一要素，其他技术要素的分析都要在趋势分析的前提下进行，所以在结构理论实战交易系统中趋势分析成为大小级别行情开始与结束的重要分析手段。

一、对于上升与下降趋势成立判断标准，形式上有两种情况

1. 上升趋势破坏的确认方法（见图 1 和图 2）

（1）两个条件：一是破坏趋势；二是破坏形态。

（2）两种形式：一是破坏了上升趋势然后再破坏头部形态，即可确认该趋势结束。二是破坏了头部形态再破坏上升趋势，即可确认该趋势结束。

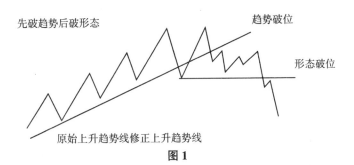

图 1

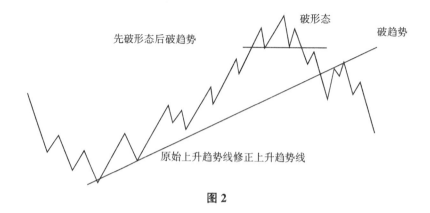

图 2

2. 下降趋势破坏的确认方法（见图 3 和图 4）

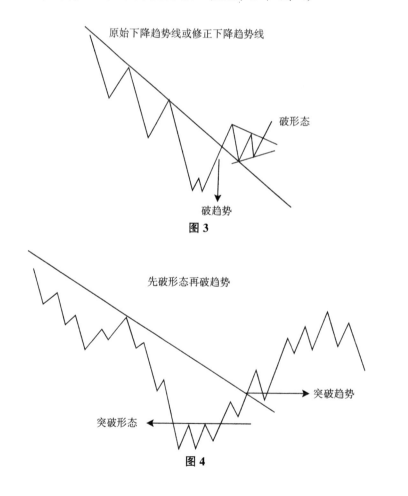

图 3

图 4

（1）两个条件：一是破坏了下降趋势；二是突破底部形态。即可确认下降趋势结束。上升趋势可能形成。

（2）两种形式：一是先破坏下降趋势再突破底部形态，即可确认下降趋势结束。二是先突破底部形态再破坏下降趋势，即可确认下降趋势结束。

二、波段查法的主要依据

查一个波段（一个浪行）的结束，以破这个波段的趋势形态为标准（见图5）。

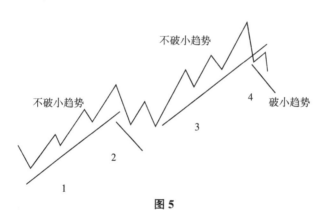

图5

两个上升小趋势，每个小趋势中还有五个次波段。这样破小趋势为主波段，不破小趋势为次波段，主周期单破位仍然认为是趋势波段之中的运行，双破位应理解为趋势波段结束的迹象即转势。

波段查法规定：

（1）主周期的每一个波段小周期必须达到三波段或三波段以上。

（2）调整与上涨，反弹与下跌，即修正波的时间和空间至少要有一个达到上涨或下跌的一半，如果没有达到即是修正波 b 的反弹，还有 c 的调整。

如图 6：上证指数 2016 年 4 月下旬的调整。a 的下跌时间与空间都不到 1 的一半，那么下一波上涨只是 b 的反弹，还有创新低 c 的调整。

图 6

（3）整理波必须有效突破整理形态才能确认整理结束。也就是说，突破后不能再回原整理结构之中。

☆**行情性质的划分：波段的查法！**

识别视频下方二维码

关注《宇鹏解盘》微信公众平台

免费领取李宇鹏老师

独家战法资料《时空框架精讲课》

第五章

行情级别与股价运行空间

　　了解股价运行空间，首先要了解股价的支撑和压力。支撑和压力是趋势可能形成转折的位置，支撑压力的预测对准确判断股价的见底、见顶、整理、反弹、回抽、反抽、运行方式等有重要的意义。

　　（1）支撑线和压力线的含义。支撑线又称抵抗线，是指当股价下跌到某个价位附近时，会出现买方增加、卖方减少的情况，从而使股价停止下跌，甚至有可能回升。

　　（2）支撑线起阻止股价继续下跌的作用。这个起着阻止股价继续下跌的价格就是支撑线所在的位置。

　　（3）压力线又称为阻力线，是指当股价上涨到某价位附近时，会出现卖方增加、买方减少的情况，股价会停止上涨，甚至回落。

　　（4）压力线起阻止股价继续上升的作用。这个起着阻止股价继续上升的价位就是压力线所在的位置。

　　压力支撑主要分为：

　　（1）平均线与黄金分割线等心理支撑和压力位。

　　（2）成交密集区实质、有形、无形、单一、重合性支撑和压力位。

　　个股下跌时到达多重支撑位，反弹意愿与力度比单个强烈。

例如：2018 年 2 月智飞生物下跌到上升趋势线、年线、平台线三线重合点强势反弹（见图 1）。

图 1

特别强调：30 分钟级别 K 线行情过不了实质性压力位。图 2

图 2

为上证指数 2016 年行情，1~5 的方框为实质性压力位，在下面 1~4 与 6 的 30 分钟 K 线级别行情中都没有过方框实质性压力位，即使过一点也要回到压力位下方，5 过了实质性压力位是有其特殊的历史事件催化。

在结构理论实战交易体系中，实质性压力位用 3 浪 3 冲过。例如图 3：2014 年工商银行用周线级别第三波（线三）与日线级别第三波（线 3）过实质性压力位。

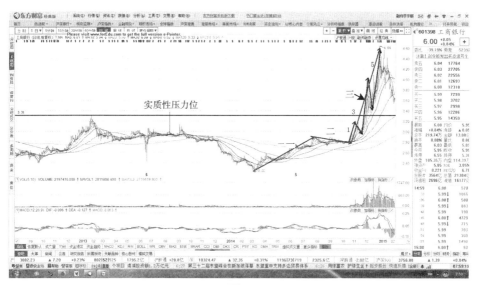

图 3

例如图 4：2016 年驰宏锌锗的走势，方框 1 与方框 2 是 30 分钟级别 K 线行情，突不破实质性压力位。方框 3 是日线级别三与 30 分钟级别 K 线 3 突破实质性压力位，也就是 3 浪 3。如果把 30 分钟级别 K 线在细分下去，3 中是用了 15 分钟级别 K 线第三波过的实质性压力位，也就是 3 浪 3 浪 3。这种突破力度会更大，与大盘或热点结合起来也是在低位短线追涨稳定获利的必要条件。

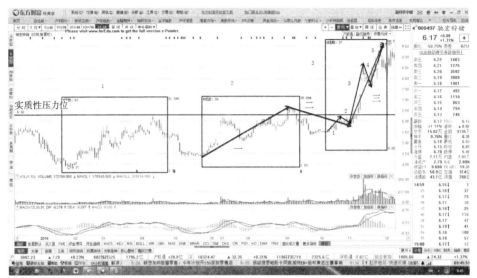

图 4

第六章

结构理论实战交易系统顶和底形成的分析要素

以上章节中我们了解了结构理论实战交易系统中解浪行的划分标准、行情性质的级别，时间框架概念、压力位与支撑位的作用，但操作好个股还要注意到速率问题。

第一节　速率简介

速率是指价格上涨或下跌的速度的快慢，分为单日速率和区域速率，是一个相对指标，是相对于某一段或某一日涨跌的快慢得出的结果。区域速率是指一段时间内平均速度。

（1）速率快动力大，速率慢动力小。

（2）股价走势的形成，需要很多因素促成，而且是逐渐形成的，一旦形势已形成，股价走势就变得难以遏阻了。

速率快慢的判定：

（1）在临波之间速率的减慢表示上攻动力的减弱，速率的加快表示上攻动力的加强。第二波的速率大于第一波的速率，说明动力在加强，而第三波的速率小于第二波的速率，说明动力在减弱（见图1）。

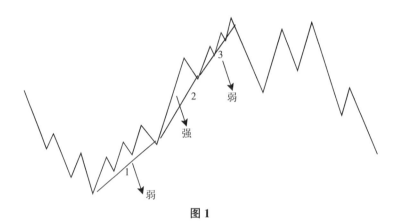

图1

（2）研判速率要综合大盘的速率，主要表现在个股的速率是大于大盘还是小于大盘。若大于大盘，相对于大盘而言，动力在加强；反之亦然。

（3）研判速率要综合板块指数。一般情况下热点板块速率快，冷门板块速率慢。

（4）研判速率要结合个股的运行阶段和过程，不同的过程不同的阶段速率的表现是不一致的。一般情况下上升过程速率较快，下跌过程速率较快，整理过程速率较慢。

（5）研判速率要结合压力位和支撑位，在压力位和支撑位附近速率较慢。

（6）研判速率要结合股票的流通盘大小，流通盘小速率较快，流通盘大速率较慢。

（7）研判速率的区域原则是根据每日平均上涨速度来确定的。

我们了解了以上速率研判原则，但速率不能单独研判，要与结构、时间、空间结合研判。

（1）速率加快股价继续沿原方向运行，若在股价结构、时间、空间到位后速率形成短时间的加快属于物极必反的现象，即诱多或诱空。

（2）速率减弱股价要改变方向，若结构、时间、空间不到位短期方向转变，若结构、时间、空间到位将形成方向根本转变。

第二节　结构理论实战交易系统顶和底形成过程的分析要素

作为我们普通投资者最需要知道的是大盘和个股的底与顶，以便找到一个更好的买点与卖点，不买在高位不卖在低位。

在结构理论实战交易系统中怎样研判大盘和个股的底与顶呢？这就是我们要讲到的对于浪行的划分标准、行情性质的级别、时间框架概念、压力位与支撑位的作用以及速率研判的综合研判。

以下分析方法不但适用于上证、深证个股，同样适用于期货、外汇的分析。这里以上证、深证为例。

1. 大盘或个股的运行结构

当大盘或个股的运行结构破某一种行情性质趋势和形态，产生某一性质行情对应的时间周期行情，结构上见三后速率改变加速或者减弱，说明股价将要见顶或者见底。结构见三为第一要素，是顶底形成的必要因素，此要素不形成顶底不可能形成。（我们可以从一生二，二生三、三生万物领略到其中奥妙）。

2. 大盘或个股的运行速率

（1）股价运行只要形成某一方向的转势至少要运行三波段。

（2）在当大盘或个股的某个性质行情对应的时间周期内，股价沿某一方向运行的速率没有改变时股价仍然沿原方向运行。若股价运行结构见三以后速率产生减弱或加速的改变以后，说明股价有转变方向的可能。当速率没有改变，任何压力位与支撑位都不是压力与支撑，所以速率为第二研判要素。例如，图 2 特力 A 2015 年的走势。

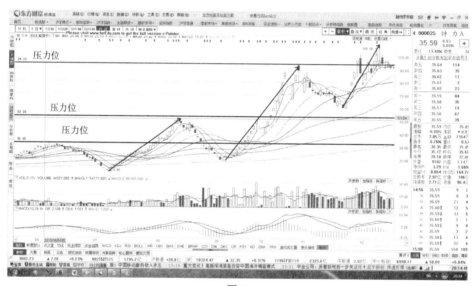

图 2

3. 大盘或个股的运行时间

在大盘或个股运行某一行情性质对应的时间周期中，当时间接近对称时间或周期时间窗口时，股价结构又有见顶见底迹象，这种见底或见顶的信号比较准确。当股价上涨时运行的某一结构的时间大于对称周期时间窗口时而结构还不完整，说明行情较强。当股价运行某一结构的时间小于对称周期窗口时结构出现见顶或见底迹象，说明股价运行较弱。

4. 大盘或个股的运行空间

当大盘或个股的运行某一性质行情对应的时间周期内股价运行接近空间预测的支撑位或压力位，若股价结构有见顶或见底迹象，说明顶底的信号较准；若接近空间预测的支撑压力位时股价结构没有见顶见底的迹象，说明该支撑压力可能被突破；说明股价运行较强。若股价没有运行到预测的支撑压力位股价结构就有见顶或见底的迹象，说明股价运行较弱。

5. 大盘或个股的运行趋势

在大盘或个股运行某一性质行情对应的时间周期内，股价沿某一趋势运行只要速率没有改变趋势一直起作用；若股价运行速率转变，只要不破趋势仍然不能确认股价转势；若形成破趋势的走势股价将有转势的可能。但股价速率没有改变之前每次接近趋势就有可能形成相对的低点或高点（见图3）。

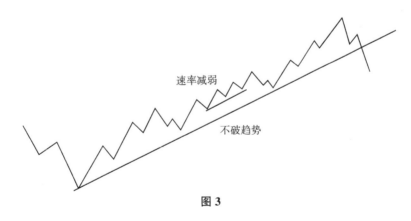

速率减弱

不破趋势

图3

6. 大盘或个股的运行形态

在大盘或个股的运行某一行情性质对应的时间周期内，股价沿某一方向运行。当速率没有减弱之前形成形态可能都是中继，当速率减弱后形成形态都有可能形成反转可能，当股价速率减弱后破趋势再破形态可确认转势成立。若股价先破形态再破趋势同样可以确立转势 （见图4）。

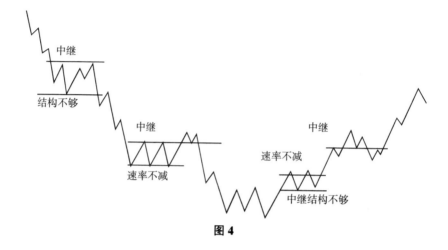

图 4

第七章

结构理论实战交易系统大盘或个股形成顶底过程分析顺序

　　从以上几章讲解，得出分析顶底主要考虑的是结构、速率、时间、空间、形态、趋势几个因素。分析的顺序是结构—速率—空间—时间—形态—趋势。

　　大盘或个股运行某一趋势形成后结构不见三不要考虑其他因素，结构见三后再分析速率减弱没有，若没有减弱不可能形成顶底。若速率有减弱迹象再考虑空间，看空间是否到对称或其他压力支撑位。若空间已到对称或其他压力支撑位，再看时间是否达到对称或其他变盘窗口。若时间处于变盘窗口，这里就有可能是顶底的转折区域。

　　我们可以通过下面几个案例更好地了解结构理论操盘体系中判断大盘或个股的运行中形成顶底的顺序排序。

案例 1

　　如图 1：西部建设 2017 年初走势。西部建设线破 2015 年以来周线级别趋势形态走势，可能产生周线级别上涨，同时西部建设符合"丝绸之路"热点，先以日线级别操作。

图1

如图2：西部建设2017年初走势。两根线破了西部建设30分钟K线级别1浪上涨，说明要产生30分钟K线级别2浪调整。

图2

如图 3：西部建设 2017 年初走势。在西部建设 30 分钟 K 线级别 2 浪调整中，共有五结构下跌，说明下跌结构到位。同时速率在五结构末端减弱，2 浪将近运行了一个月，说明 30 分钟 K 线级别时间到位。空间上达到了 1 浪上涨的黄金分割线的 38.2，说明空间到位，而且是强势调整。并且走出了破 2 浪下跌趋势的走势，说明买点出现。

图 3

如图 4：西部建设 2017 年初走势。两根线破了 30 分钟 K 线级别 2 浪的趋势与形态，说明要产生 30 分钟 K 线级别 3 浪上涨。3 月 17 日产生第一个放量阳线，说明 30 分钟 K 线级别 3 浪开始，可以追买。西部建设共产生 5 浪上涨，同时 5 浪没有创新高。

如图 5：西部建设 2017 年初走势。西部建设从 2016 年 12 月 15 日到 2017 年 5 月 3 日，涨了将近 4 倍，虽然时间上是日线级别上涨，但空间上已达到周线级别上涨。两根线破上涨的趋势与形态说明是周线级别调整，至少一年以内没有主升，说明需要远离这只个股。

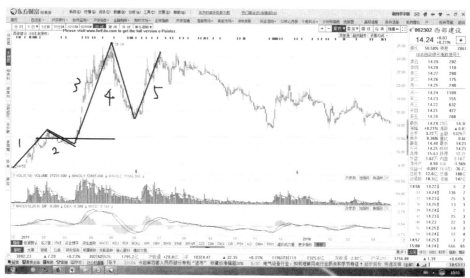

图 4

图 5

案例 2

如图 6：上证指数 2017 年底走势。上证在 11 月 14 日见高点的调整破了 5 月上涨以来的日线级别上涨的趋势与形态，说明可能要产生日线级别调整，那么先看这个日线级别调整 a 浪的走势。

图 6

如图 7：上证指数 2017 年底走势。日线级别调整 a 的走势，共有五结构下跌，而且第五波没有创新低，速率减弱，时间将近一个月到位，空间打到年线有强支撑，买点出现。

如图 8：上证指数 2017 年底走势，红色两根线破了 30 分钟 K 线级别 a 的趋势与形态。说明要产生 30 分钟级别 b 的反弹，2018 年 1 月 2 日的走势确认，可以买入这次上涨行情的龙头板块龙头股，会获利更多。

图 7

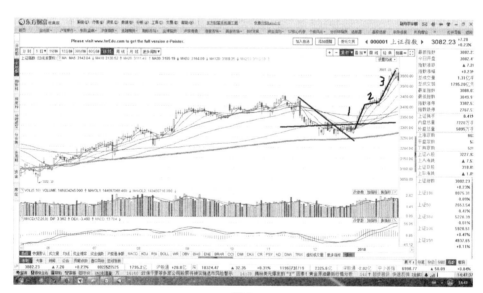

图 8

如图 9：上证指数 2018 年 1 月，30 分钟级别 b 的反弹三波后，结构到位，速率减弱，时间到位空间遇到 2015 年底的实质性压力位，说明反弹见顶。

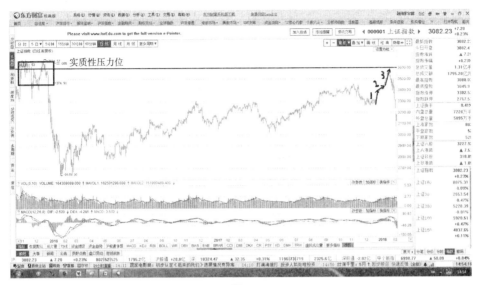

图 9

如图 10：上证指数 2018 年 2 月上旬的下跌已经跌破 2016 年上证 2638 点以来两年周线级别上涨的趋势与形态，确认产生周线级别调整。

图 10

案例 3

如图 11：用友网络 2018 年初走势。我们可以看出用友网络是周线级别 3 波段上涨。同时是 2 月大盘反弹的龙头股。

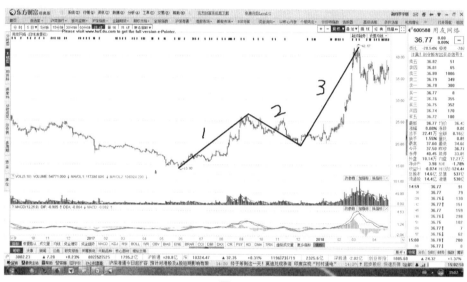

图 11

如图 12：用友网络 2018 年初走势。用友网络 2 浪调整走出红色 a、b、c 日线级别调整结构，同时蓝色两根线段破了日线级别 2 浪调整的趋势与形态，要产生 3 浪日线级别上涨。

如图 13：用友网络 2018 年初走势。用友网络突破 2017 年 9 月 14 日这一实质性压力位用了周线级别第三波、日线级别第三波、30 分钟可线级别第三波。

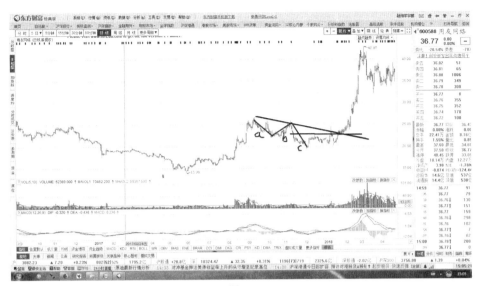

图 12

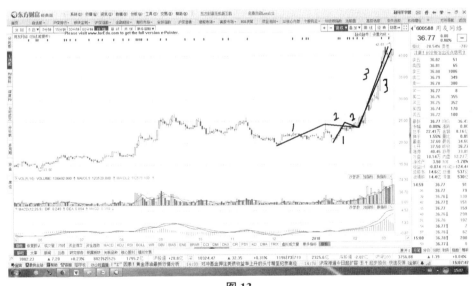

图 13

补充说明：若大盘或个股的运行时速率减弱，但时间不处于变盘窗口股价仍会在该区域震荡，一直震荡到变盘时间窗口。若空间没有到对称或其他压力支撑位，时间也没到对称或其他变盘窗口，股价虽然速率有减弱迹象但仍会震荡甚至在上冲或下冲，有以时间换空间的可能。若时间已到对称或其他变盘窗口，股价就会形成高点或低点。以上现象主要出现在大盘将要见顶时一些弱势股的走势。

第八章

MACD 技术指标在结构理论实战交易系统中的辅助应用

技术指标分析法是技术分析方法之一，在笔者看来只是技术分析的要素之一，不能单独使用，是综合分析的一个因素，应用时既不能迷信技术指标，也不能完全抛弃技术指标，要综合其他技术要素应用技术指标才能更好地发挥作用，以 MACD 指标为例。

MACD 技术指标顶背离与底背离的辅助应用

一、底背离

底背离一般出现在股价的低位区。假如股价 K 线图上的个股走势，股价还在下跌，而 MACD 指标图形上由绿柱构成的图形的走势是一底比一底高，或当股价的低点比前一次低点低，而指标的低点却比前一次的低点高，这叫底背离现象。底背离现象一般是预示股价在低位可能反转向上的信号或短期内可能反弹向上。

若股价仍在下降趋势中，说明反弹；若股价已经摆脱下降，趋势说明可能反转。

一般 30 分钟 K 线级别上涨与下跌行情用 60 分钟 K 线的顶背离与底背离比较准确。

如图 1：西部建设 2017 年初 60 分钟 K 线图。30 分钟级别下跌结构见 5 后、速率减弱、时间与空间到位，60 分钟 K 线底背离先于趋势与形态破位前出现。

图1

如图2：上证指数 2017 年底 60 分钟 K 线图。下跌结构见 5 后、速率减弱、时间与空间到位，60 分钟 K 线底背离先于趋势

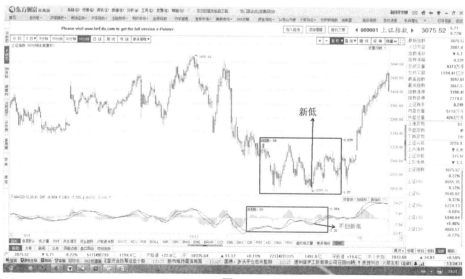

图2

与形态破位前出现。

二、顶背离

当股价 K 线图上的股票走势一峰比一峰高，股价一直在向上涨，而 MACD 指标图形上的由红柱构成的图形的走势是一峰比一峰低，或当股价的高点比前一次的高点高，而 MACD 指标的高点比指标的前一次高点低，这叫顶背离现象。顶背离现象一般是股价在高位即将反转或调整的信号。若股价已经跌破上升趋势说明可能反转。

如图 3：上证指数 2017 年 2 月 30 分钟 K 线级别上涨。图 3 显示的是 60 分钟 K 线图。上涨结构见 5 后、速率减弱、时间与空间到位，60 分钟 K 线顶背离先于趋势与形态破位前出现。

图3

在实践中，MACD 指标的背离一般出现在强势行情中比较可靠。股价在高价位时，通常只要出现一次背离的形态即可确认位股价即将反转，而股价在低位时，一般要反复出现几次背离后才能确认。因此，MACD 指标的顶背离研判的准确性要高于底背离，这点投资者要加以留意。

第九章
成交量在结构理论实战交易系统中的应用

成交量是股市的原体和血脉，没有成交量的股市犹如无源之水、无本之木，成交量的大小反映了投资者购买股票欲望的强弱。

成交量是行情的基础，它是某一上升趋势形成和延续的动力。成交量分析是技术分析的重要方法之一，它与趋势分析同样重要，任何价格分析都要考虑成交量的配合状况，否则都有可能出现偏差。成交量如此重要，关键是怎样更好、更准确地应用。

下面从两个方面讲解成交量在结构理论实战交易系统中的应用。

1.倍量

整理过程温和缩量，整理末期成交量明显缩小，突破时一定要放量，至少放大 2 倍以上。

如图 1：西部建设 2017 年 3 月 17 日，突破 30 分钟级别 K 先下跌的趋势与形态用的是 3 倍的倍量。

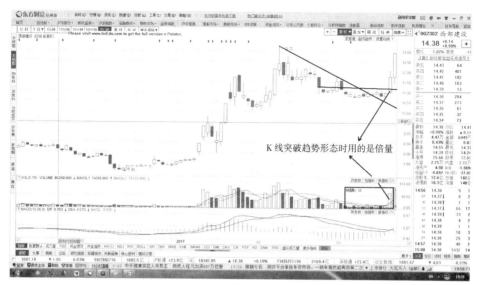

图 1

如图 2：宝信软件 2018 年 2 月 12 日突破 30 分钟级别 K 线整理平台同样用的是倍量。

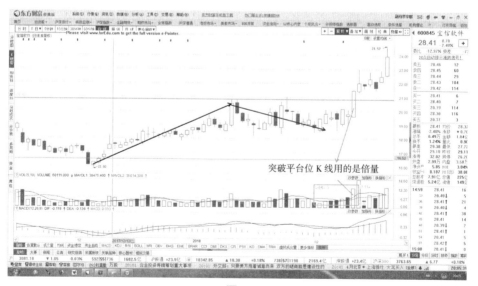

图 2

2. 立桩量

（1）立桩量指当一只股票在上升途中，在相对低位放出一根阶段性的大量（超越和覆盖掉前期的量），其大小呈阶段性放大趋势，同时，股票价格处于上涨的趋势，以上两点缺一不可。尤其强调的是立桩量只出现在股票的上涨途中，而在下跌中是不可能有立桩量出现的。

（2）立桩量确认后，以立桩量 K 线最高点乘以 2，至少股价会翻倍。这是它与倍量明显区别。

如图 3：中兴通讯 2017 年走势。在日线级别 b 的反弹高点放了天量，然后 c 的调整非常强势，最后走出一倍多的行情。

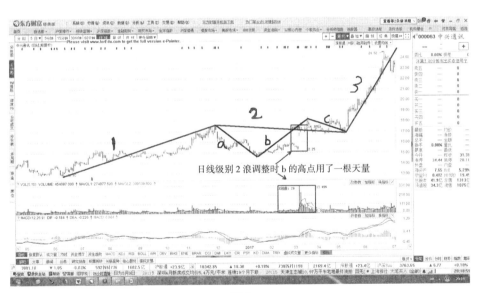

图3

如图 4：智飞生物 2017 年 8 月在日线级别 3 浪上涨启动点用了立桩量，突破了 2015 年以来历史高点，然后产生翻倍行情。

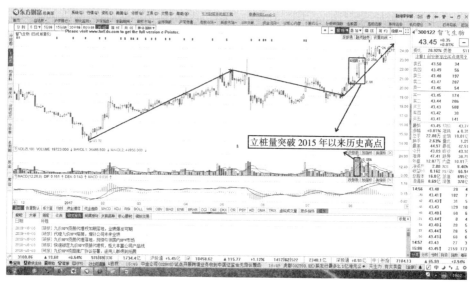

图4

对于盘整突破的一些要点说明：

（1）所谓盘整突破，是上升途中的洗盘阶段，可以是箱体形、三角形、楔形（以智飞生物、长春高新为例）等。不管它是什么形状，目的只有一个，让无序的筹码有序化。

（2）盘整突破演变到尾声的时候，伴随着成交量的持续萎缩、均线的相互黏合、K线实体逐渐变小、影线变短、整体波动性减弱等。这些都是相关股票的混沌状态得到了规整的表现，筹码高度集中，开始进行方向性选择。

第十章

精确大盘或个股的买卖点位

在我们了解了结构理论实战交易系统买入与卖出的方法后，在确定不同行情性质的顶底后怎样用不同的时间框架按自己的风险承受能力进行下单买入和卖出需要进一步细化。

细化买卖点位时我们应该确认，不同的行情性质要在不同的时间周期内寻找买卖点位，不同的行情性质买卖点位的特征只能在不同的时间周期内体现。

在精确买卖点位之前首先了解买卖区域。区域第一，点位第二。必须先确定区域才能再考虑点位，而只考虑点位不考虑区域失败率较高。

1. 买卖区域（见图1）

（1）所谓买卖区域就是股票选出后，首先确定操作的区域是低还是高，是处于哪一个过程和哪一个阶段。例如，底部区域或上升区域或做头区域反弹区域，它只是说处于哪一个过程之中。再如，阶段是处于做底、拉升、做头、下跌、反弹的初、中、末哪个阶段。不同的区域持股方式是不一样的。

1）做底区域的思维方式。

准备做多，或短中线做多，或者看多不做多，但必须在思维上由空转多。

2）拉升区域。

开始做多，不仅要看多还要做多，不可有空头思维。

3）做头区域的思维方式。

由多头思维转为空头思维，操作上可看空不做空，但不可再做多，以主动做空为主。

4）下跌区域的思维方式。

看空又做空，不可有多头思维。

（2）不同区域采取不同的操作策略。

1）做底区域操作策略短线和中线，下单策略低吸高抛。

2）拉升区域操作策略中长线，下单策略追涨杀跌，不随意高抛，敢于持股。

3）做头区域操作策略短线，下单策略低吸高抛。

4）下跌区域操作策略空仓。

（3）区域在先，下单在后。

只有确定区域才能够进行下单，下单是在确定区域后才能考

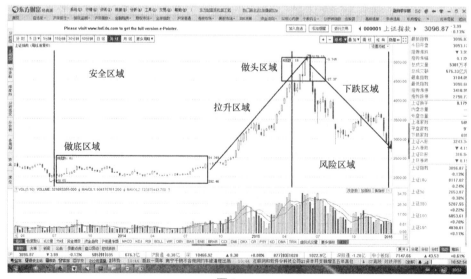

图1

虑的问题。以区域为主，点位为次。

2.买卖点位（见图2）

（1）某一区域中，具体买在哪个点位上，它分为买套点位、低吸点位、追涨点位、高抛点位、杀跌点位等，在每一个区域中可能有多个低吸点位、追涨点位。

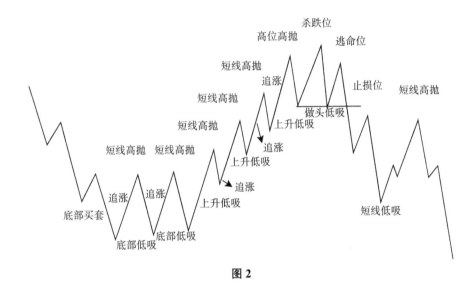

图 2

（2）操作每一个点位的步骤。

1）确定该点位的行情性质（破何种级别趋势形态）。

2）确定该行情性质的分析操作周期。

3）确定主周期的运行时间和空间。

4）确定主周期的过程和阶段。

5）确定主周期的走势结构。

6）确定小周期的走势结构。

7）寻找小周期的顶底结构进行下单。

8）风险控制条件。

9）需要特别强调的是，对于任何一个周期，在掌握个股周期的关系基础上学会每个周期的分解和组合，把大周期分成自己擅长操作的小周期，只做分解的上涨而回避下跌就可以做好短线了。如果不做短线和摊低成本就直接用主周期进行操作就可以了，分解的小周期用来盯盘，使心态稳定就可以了。

☆行情性质的划分：买卖点位！

识别视频下方二维码

关注《宇鹏解盘》微信公众平台

免费领取李宇鹏老师

独家战法资料《时空框架精讲课》

（3）下单点位的分类和界定。

买套点。即下跌结构完整，主周期没有形成单突破之前的买点。主要特征以紫光国芯 2017 年 12 月至 2018 年 2 月走势为例。

a. 主周期结构完整（见图 3）。

b. 主周期最后一波对应的小周期结构完整。

c. 小周期形成底部结构，MACD 指标底背离。

d. 这个点距离下跌过程最后一个整理区域越远越好。

如图 4：紫光国芯 2017 年 12 月至 2018 年 2 月 15 分钟 K 线图。

图 3

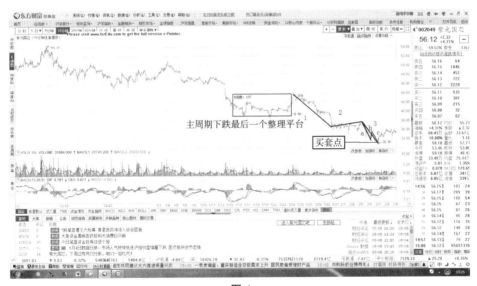

图 4

　　该点位的操作要先以小周期买卖，只要在满足以上条件的前提下，小周期形成单突破后回调低吸，小周期上突破加仓。

　　（1）该点位买入后若小周期不能形成双突破，再次有效创新低可能，要注意先以小周期卖出。

（2）该点位买入后小周期上涨若结构完整后不能有效突破主周期的下降趋势线就要立即卖出，等待小周期再次形成买点后再买入。

（3）若小周期上涨结构不完整时就能突破主周期的下降趋势线，说明主周期已经见底。

（4）这时，若股价已突破了下跌过程的最后一个整理区域说明后面不会再创新低。

（5）若不能突破下跌过程的最后一个整理区域，股价回调幅度可能会较大。但操作上无论怎样走，股价后面均要整理，小周期只要形成卖点都要卖出，尽量不参与这里的回调。

3. 低吸点

下跌结构完整，速率减弱，见底后的止跌期，上升趋势尚未形成之前的缩量买点。主要特征：

（1）对主周期形成下降趋势的单突破。

（2）小周期上涨后调整结构完整。

（3）小周期和主周期 MACD 指标底背离。

（4）主周期对下降趋势形成单突破上涨时最好能涨破下降趋势中最后一个整理区域后回调，并回调幅度越小越好。

例如：创业软件 2015 年 9 月日线图（见图 5）。

该点位操作注意事项：

（1）该点位操作先以小周期操作思路为主。若该点位在见底的那一波上涨幅度的一半以上形成买点说明强势，否则说明弱势。强势有可能直接突破底部进入上涨过程，弱势仍有可能再震荡。

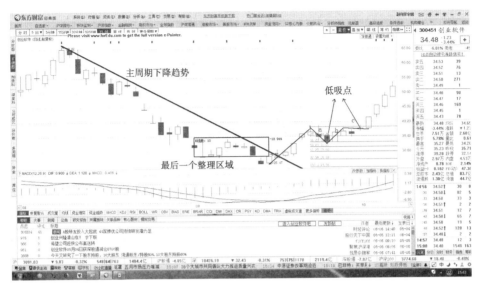

图 5

（2）小周期买入后若小周期结构完整而不能突破底部形态一定要在小周期形成卖点时卖出，再等小周期形成买点再买入。

（3）小周期买入后若小周期结构不完整能突破底部形态就可以主周期加仓和持股。

（4）该点买入后若持股一定要注意小周期若在底部区域一半位以下形成卖点或破坏底部形态创新低要注意止损。

☆行情性质的划分：下单点位的分类：低吸点！

识别视频下方二维码

关注《宇鹏解盘》微信公众平台

免费领取李宇鹏老师

独家战法资料《时空框架精讲课》

4. 追涨点

上升趋势尚未形成之前，上涨结构初期，放量上涨时的买点。

这里有两种状态的点位。第一个追涨点位是小周期上涨初期，其在底部区域的上半部。

其主要特征为：

（1）主周期单突破后回调，小周期下跌结构完整后形成买点后上涨，小周期上涨结构不完整。

（2）小周期上涨时必须放量。

（3）小周期上涨放量初中期，最好在第一波或第二波。

（4）大周期 MACD 在 0 轴附近，小周期 MACD 金叉。

（5）最好选择主周期对下降趋势形成单突破上涨时能涨破下降趋势中最后一个整理区域的个股。

例如：创业软件 2015 年 9 月日线图（见图 6）。

这类买点的主要特征：

（1）要以主周期操作思路为主，买入一定要注意买在小周期上涨结构不完整时。

（2）买入后，小周期上涨结构完整后调整不能再回到底部区域，否则突破无效，仍会形成再次整理，底部整理可能再次延伸，只要小结构调整回到底部区域就要注意找小周期卖点止损。

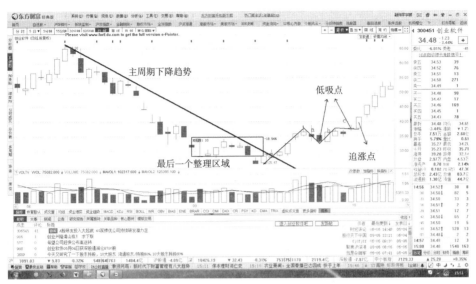

图6

5.加仓点

上升结构不完整，上升趋势形成后，在上升趋势以上每次回调结构完整后，缩量到位和缩量后放量上涨初期的买点。这个加仓点在上涨过程中可能有几个这种点位，但位置越高风险越大。

加仓点又可分为：低吸加仓点和追涨加仓点。也就是上升趋势中回调缩量到位为加仓低吸点，缩量后再放量上涨的初期为加仓追涨点。

第一，加仓低吸点的特征：

（1）主周期上升结构不完整。

（2）主周期上升周期的某一波，对应小周期上涨结构完整后进入调整，小结构调整结构完整后形成底部结构尚未形成双突破之前，小结构调整末期，小结构对应的小结构形成买点时。

（3）主周期 MACD 没有形成顶背离，小周期 MACD 形成底背离。

（4）小周期成交量缩量。

（5）最好选择主周期对调整不破调整前最后一个或一个以上整理区域也就是调整结束位在上一个整理区域以上的个股。

第二，加仓追涨点的特征：

（1）主周期上升结构不完整。

（2）主周期上升周期的某一波，对应小周期上涨结构完整后进入调整，小结构调整结构完整后形成底部结构双突破之时。

（3）主周期 MACD 没有形成顶背离，小周期 MACD 形成底背离后金叉。

（4）小周期成交量放量。

（5）最好选择主周期对调整不破调整前最后一个整理区域也就是调整结束位在上一个整理区域以上的个股。

例如：分众传媒 2017 年周线级别上涨（见图 7）。

图 7

这类买点要注意：相对价位越高风险越大，尽量以小周期思维操作。

买入时一定要在小结构的低吸点买入，不要过分追涨，当下小结构上涨结构完整后形成卖点要看一下主周期的整体速率是否减弱，只要有减弱迹象，小结构有卖点一定要先卖出，小结构双破位先止盈。

该买点买入后，若不涨反跌并跌破前一个上涨前的整理平台，只要小结构再有买点一定要先止损出局。

6. 高抛点位（如上证 2016 年 8 月中旬）华友钴业、神州高铁

这里有两个或两个以上不同的点位。

第一是急速上涨高抛点。上涨达到时空高位，上升趋势没有破坏之前的加速放量上涨卖点。

（1）时间和空间均已经到位。

（2）主周期加速连续上涨。

（3）成交量连续放大。

（4）上涨到极限一般都有极限 K 线出现，如巨量大阳线、巨量高位十字星、高开低走的带量大阴线，垂头线等。

（5）主周期和小周期技术指标不出现顶背离。

（6）小周期只要出现单破位就要止盈。

注意：出现高抛位后分批高抛。

例如：神州高铁 2015 年 10 月走势（见图 8）。

第二是结构完整的高抛点，就是主周期和小周期结构都到位的卖点。

主要技术特征：

（1）主周期上涨结构完整。

（2）小周期上涨结构完整。

（3）小周期形成顶部结构。

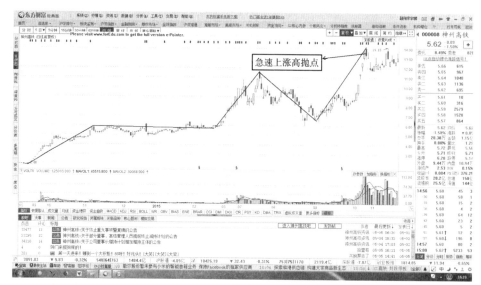

图8

（4）大小周期 MACD 指标顶背离。

（5）空间已到重要压力位。

（6）时间接近变盘窗口。

如图9：格林美 2016 年上半年走势。

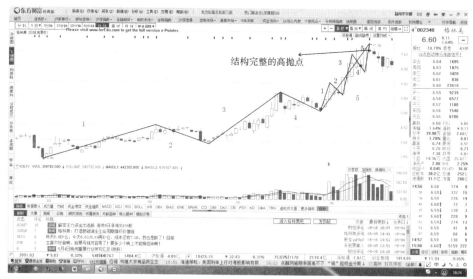

图9

注意：这类卖点形成后，小结构下跌完整后都会产生反弹，所以这个点位没有卖出，不要杀跌可等待小结构再次形成卖点再卖出。

这个点位形成后，若调整不破上升趋势股价仍有再新高的可能，小结构形成买点仍可买入。若调整破主周期上升趋势说股价进入做头过程，只能用小周期进行操作。

☆**行情性质的划分：下单点位的分类：高抛点！**

识别视频下方二维码

关注《宇鹏解盘》微信公众平台

免费领取李宇鹏老师

独家战法资料《时空框架精讲课》

7. 止损点位

止损点位指趋势形态双破坏时的卖点。

主要技术特征：

（1）主周期破上升趋势和顶部形态颈线位。

（2）只要小周期下跌结构不完整时破坏上升趋势线和顶部颈线位就要止损。

（3）不需要放量确认。

（4）也不需要时间和空间的确认。

（5）出现后一定要清仓。若破位时小周期下跌结构不完整，一般没有回抽。若破位时小结构下跌结构基本完整会有回抽，但若股价拉不会回头部结构以内仍会继续下跌，即使拉回头部结构以内，不突破头部区域一半以上仍会再破位下跌。因此，不要随意买入，只有主时间周期形成新的上升趋势才能买入。

例如：格林美 2017 年上半年走势（见图 10）。

图 10

有时个股买卖点位并不是很标准，只是走势标准的个股，主力控盘越好，越值得操作。

第十一章

结构理论实战交易系统持仓和止损的法则

任何操作系统都未必百分百准确，关键是市场走出与我们相反的预期时，我们该如何应对。在底部买入后什么状态下持股、什么状态下止损，头部没有卖出，什么状态下止赢，止赢止损后什么状态下空仓和再次买入。

一、持仓趋势法则

确定个股行情级别，只要形成底部确认或顶部确认后，上升结构不出现见三后速率减弱，就坚持持股。中途的调整应该参与，若出现上升结构见三后速率减弱，进入高抛区域；若出现顶部形态，逢高进入杀跌区域；若上升结构见三后速率减弱并空间到位，时间到变盘窗口清仓。

二、双破位止盈，止损法则

（1）止损时要辩证分析时间框架。

1）小时间框架需要止损，主时间框架也要止损，等于肯定止损。

2）小时间框架可以补仓，而主时间框架需要止损，等于不补仓反抽后止损。

3）小时间框架需要止损，而主时间框架可以补仓，等于等待小时间框架止跌后补仓。

4）小时间框架需要补仓，而主时间框架也可补仓，等于立即补仓。

（2）若股价破上升趋势线后，反弹无力不创新高，形成下降通道后，要先进行止损。

例如图 1：格林美 2015 年底走势。

图 1

（3）若股价形成超极态上涨，股价与趋势线正乖离较大，当股价在上升趋势线之上形成头部形态破位时，要先止损。

例如图 2：东旭光电 2015 年上半年走势。

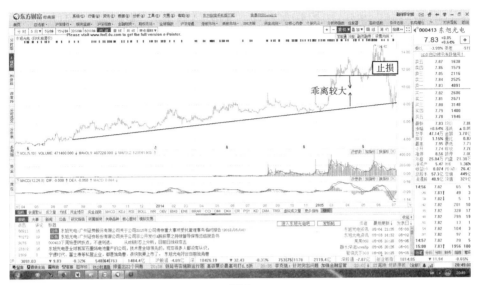

图 2

（4）当股价正常运行时，也就是说没有超极态上涨又没有形成下降趋势，只有等待股票形成双破位时止损。

例如图 3：华讯方舟 2015 年下半年走势。

图 3

（5）当股价在上升趋势中，形成圆弧顶只要股价把最后一个形态破位就要止损。

例如图 4：海伦钢琴 2016 年上半年走势。

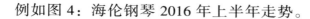

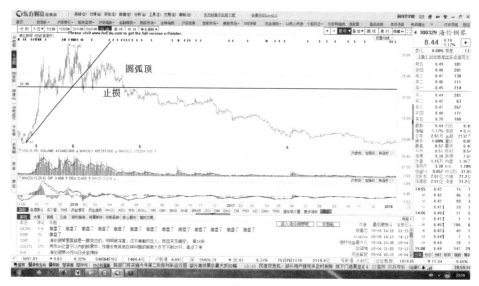

图 4

（6）当股价处于下降通道中，而无反弹迹象和止跌迹象，应采取一根线止损。也就是说，只要有一天收盘价低于买入那日的最低价就应止损（见图 5）。

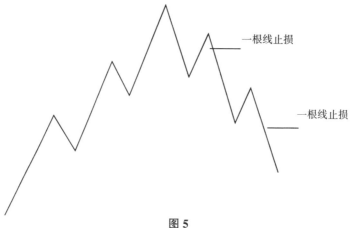

图 5

（7）当股价在下降趋势中，进行反弹或反抽时，只要形成单破位。也就是说，趋势或者形态有一定破位就应止损（见图6、图7和图8）。

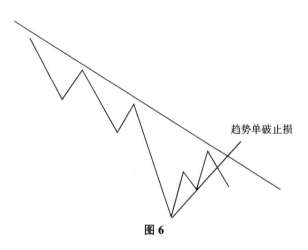

趋势单破止损

图 6

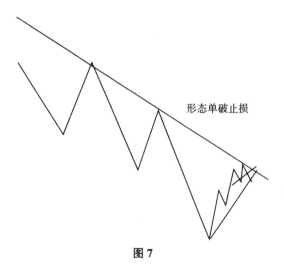

形态单破止损

图 7

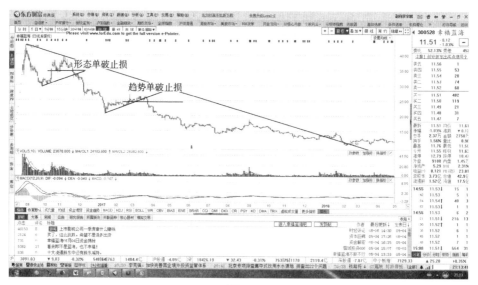

图 8

总之，这些补救措施是以防为主而不能以用为主。

掌握结构理论这套操作体系后，只有买套，而没有被套，更没有解套，这样我们才能掌握主动。

☆**行情性质的划分：持仓和止损法则！**

识别视频下方二维码

关注《宇鹏解盘》微信公众平台

免费领取李宇鹏老师

独家战法资料《时空框架精讲课》

第二篇

结构理论实战交易系统　实战要点

本篇主要讲解市场中交易机会、盘面分析与基本面结合。

对普通股民来说，在股市中赚钱效应有大小之分，大的机会主要有两方面。

（1）大盘是牛市。只要是你操作的个股接近热点之一，基本上能翻几倍。如果是热点龙头之一，翻 10 倍以上皆是。

（2）如果不是牛市，你低位买的是牛股，也可以让你有翻倍的钱。能否拿得住和大盘级别与热点有关。

对普通股民来说，在股市中赚钱效应小的机会，也在于两方面。

（1）大盘有少有明确 30 分钟级别上涨。最好基本面好的白马股或符合热点。

（2）明确的交易性机会。最好龙头股的回调。

现在就对以上四种交易机会做分析。

第一节　交易性机会

交易性机会也就是短线机会。在这种操作中起绝对作用的是把握技术上的买卖点，对于基本面的考虑很少。结构理论实战交易系统中 15 分钟级别 K 线行情就可以很好地用于交易性机会。为了更好地把握交易性机会买卖点位也可以细化到一天左右的 5 分钟的 K 线级别。但为了短线交易的正确性，每天需要大量的时间选股，盯盘，极强的止损止盈能力，戒贪多的想法。这是一种博弈，心理因素与自身体力往往大于技术面因素。在短线方面做得好的能长期复利增长的往往是极少数。对于我们大多数股民来说因为时间、心理、体力等因素不太适合。

第二节　牛市的把握

对于牛市来说，只要你在牛市来临之前还有资金，特别对于老股民，经过中国的股市快 30 年的洗礼，基本上能找到接近热点之一的个股，持有并获利。对于牛市是否来临需要把握以下几点。

首先有量才有牛市，没有量只有阶段性行情，但往往量先于政策，这与先知先觉的资金有关，这不是我们普通股民所能达到的。我们只有通过大盘热点板块的龙头个股的结构与大盘量的变化找到我们合适进场位置。

例如：从上证指数 20 多年走势可以看出（见图 1），每次牛市来临时，突破前期牛市高点的量能需要 2 倍多，同样下次牛市来临时突破 5000 多点需要将近 2 万亿元的日成交量，没有此成

图 1

交量时，只能是波段性行情，或结构性牛市。

当牛市来临时大多数股民会出现只赚指数不赚钱的局面，往往内心非常焦急。如何避免这种尴尬局面，最关键的是心理上的调整，在投机市场中心态的平和比技术重要，牛市来临个股操作需要注意以下几点。

（1）第一波上涨作为冲关利器必是权重股，权重股对资金的容量大，但并不多。冲关后涨到位调整时，主力资金会向外溢。同时创新高会吸引更多外部资金入市，而这些资金不可能买入已涨到高位的权重股，这样相应的热点就会出现。冲关时权重股结构上一般用周线级别第三波上涨，这样大盘也用周线级别第三波上涨冲关。如果不是，而是第五波基本涨到重要压力位就是最高点。

如图2：中国平安周线图，中国平安在2014年12月用周线第三波冲破2009年下跌以来最高点。

图2

如图 3：金瑞矿业在 2016 年 11 月用 30 分钟 K 线级别第五波冲击 2015 年 6 月牛市高点回落。

图 3

数结构时最重要一点，大多数个股走势不是很标准，这里有一个原则，把冲破重要压力位的认定是第三波，然后从时间对称向后观察，基本上可以查出整体运行结构，以便为操作制定策略。

（2）关注牛市中技术走势统一性强的板块。这种板块一般由大资金统一操作，一般都会成为热点板块。例如，2014 年年底银行、券商、保险等板块个股技术走势统一性极强，这些个股 2014 年启动后，央行降准降息，在年底拉升。这也使技术面走在了政策面前面。

同样中国中铁、中国建筑、中国铁建、中国电建等个股在 2015 年初走势统一性极强，借助"一带一路"的概念走势完成最后拉升出货。

在大盘日线级别或 30 分钟级别 K 线行情上涨时同样会有板块内个股统一性技术走势。

2016 年 3~4 月山西汾酒、五粮液、泸州老窖一线类白酒 30 分钟级别 K 线行情上涨到位，30 分钟五结构的调整走势统一性很强。在白酒塑化剂事件后，2016 年 4 月底业绩开始大幅增长，然后走出一轮大的牛市。见图 4 山西汾酒、图 5 五粮液。

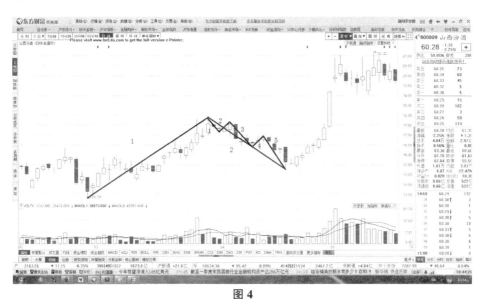

图 4

图 5

2016 年 7~8 月西山煤电、大同煤业、潞安环能等山西煤炭股的 30 分钟级别 K 线行情调整统一性很强，借助 2016 年 8 月 8 日山西煤炭企业债转股的政策走出一小波上涨。见图 6 西山煤电、图 7 潞安环能。

图 6

图 7

（3）敢于持股：牛市来临时，很多人持不住股，特别是老股民。究其原因，首先是老股民在熊市中养成了不良习惯，赚了就跑。即使知道牛市，在大盘突然大幅调整时"逃跑思想"开始占上风。同时对自己所操作个股技术面与基本面分析不透彻。需要注意一点的是，牛市时技术面上大盘上涨翻倍，一般个股只要符合热点就会上涨几倍，同时龙头股会上涨 10 倍以上。

第三节　大盘至少有明确 30 分钟级别 K 线行情上涨

学好结构理论实战交易系统技术后，通过判断大盘的结构、速率、时间、空间、指标背离、趋势、形态的变化，基本能准确判断出大盘 30 分钟 K 线级别的顶与底。在行情级别划分中讲过大盘 30 分钟 K 线级别一般一年 4~5 次。这是小波段操作的基础，也是在熊市中一年获利的根本。

首先分析怎样判断大盘 30 分钟级别 K 线行情上涨的强和弱问题。

大盘上涨的强与弱一般与两点有关：

（1）热点概念在大盘中占的比重有关，比重大，大盘强指数上涨坚决顺畅。

（2）技术上个股强势调整是关键。同时大盘春节行情中的上涨热点概念多一些。

以 2017 年为例判断大盘上涨的强与弱。

（1）在 1 月中旬到 2 月底的上证 30 分钟级别 K 线行情中。"丝绸之路"概念是热点。我们看到天山股份、西部建设、北新路桥日线级别调整平台启动突破上涨。如天山股份（见图 8）、西部建设（见图 9）、北新路桥（见图 10）2017 年初周线图。

图 8

图 9

图 10

"丝绸之路"热点个股大涨，同时带动"一带一路"个股上涨，珠海港、连云港、盐田港等大幅上涨。同时上证 50 在运行日线级别调整中 30 分钟级别 b 的反弹（见图 11）。所以上证指数整体走势结构清晰流畅（见图 12）。

图 11

图 12

2017 年春节后的行情可以看出，热点提供了激情，上证的走势基本是上证 50 的走势，而同一时期深成指、创业板指数节奏感就差一些。

（2）我们再看上证指数 2017 年 5 月启动的日线级别的上涨。首先是上证 50 中重要权重成分股中国平安日线级别平台调整时间到位，突破平台启动，运行周线级别第三波上涨（见图 13），带动上证 50 走出周线级别第三波（见图 14）。与白酒、家用电器、食品、医药等一批白马蓝筹走出结构性牛市。

同时我看到整体上涨热点不新、赚钱效应差，创业板在 2017 年 7 月中旬还创了新低。因此除了主力控盘好的上证 50 结构清晰，上证指数只能通道上涨。

（3）而 2018 年 1 月上证指数 30 分钟级别 K 线行情流畅的上涨，就是工商银行、建设银行（见图 15）以及中信证券（见图 16）这些权重股有节奏的五结构上涨，尽管大多数个股在下跌。

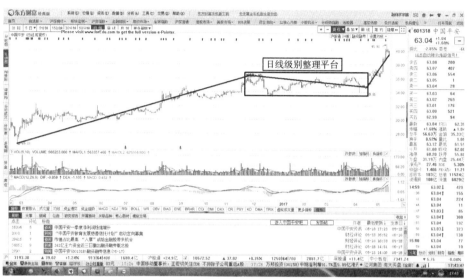

图 13

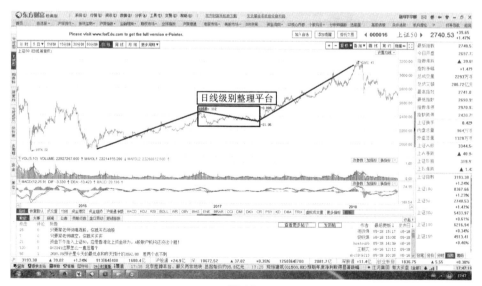

图 14

图 15

图 16

30 分钟级别 K 线行情操作上注意以下几点：

（1）稳妥操作指数基金，关键看上涨主流指数。

通过上一节盘面分析，我们了解到 30 分钟级别 K 线行情上涨的力度节奏由平台启动的权重股或热点的大小引领。在具体操作上我们怎样在 3000 多只标的股中选到符合我们操作的标的，即使不是热点也能跑赢大盘。在 3000 多只标的股中一个一个选是一种比较累的方法，即使翻一下各个板块概念也是一种费时、费力的方法，我们可以通过一种较简单的方式找到适合的标的，首先打开通达信操盘软件左上角报价栏目中沪深主要指数栏目（见图 17）。

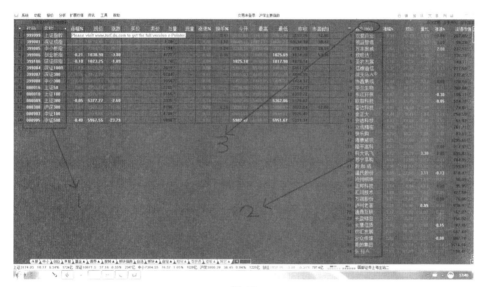

图 17

1 为沪深重要的 14 个指数，2 为组成每个指数的成分个股，3 为组成成分指数的个股数量。在 14 个指数中哪个指数走得好，代表它是大盘上涨的主要动能，组成它走得最好的个股是大盘的热点龙头股。

例如，大盘在 2017 年 5 月以来上涨最好的指数为中证 100 与上证 50，走势最差的为创业板指数，这样我们去买入代表这些上涨指数的指数基金（如图 18 上证 50 指数基金 510050）。你的收益肯定大于上证指数，同时买入指数基金不用关心企业的基本面问题，只要把握好相应指数的高低点就可以。这是战胜只赚指数不赚钱的最有效、最简单的方法。

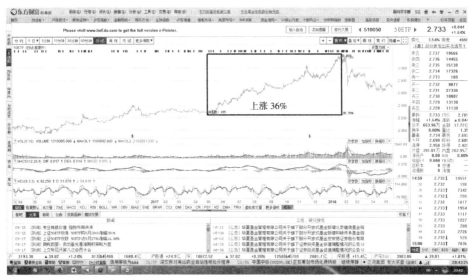

图 18

（2）如果想取得更好的收益可以选择调整强势的成分个股，因为中证 100 是由 100 只成分个股组成，上证 50 是由 50 只成分个股组成，创业板是由 100 只成分个股组成，这样我们的选股范围就大大缩小。当我们看到中证 100（见图 19）在 2017 年 5 月 25 日突破日线级别调整平台时，作为其重要成分指数伊利股份（见图 20）、海康威视、格力电器、恒瑞医药等一系列牛股能够马上映入我们眼帘，并介入。因为中证 100 指数与上证 50 指数突破日线级别调整平台，而且是周线级别第三浪上涨，至少要运行 3 个月，而 5 月只是刚开始，相应指数的龙头股从运行时间与空间上要大于相应指数。

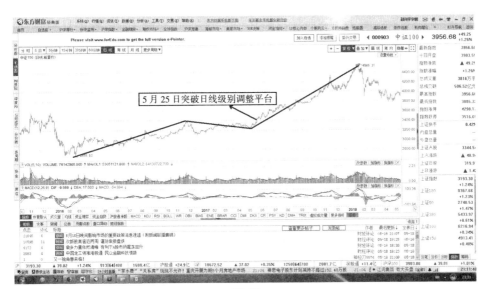

图 19

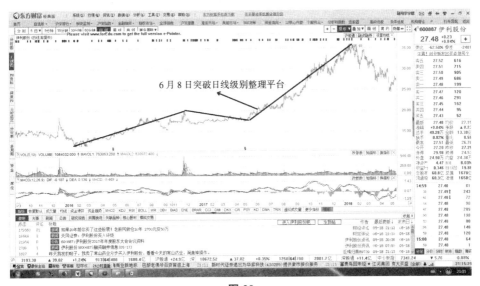

图 20

同时我们还可以通过这种指数选股方法做短线。例如创业板在 2017 年 7 月 18 日至 9 月 7 日的 30 分钟级别 K 线行情上涨中（见图 21），在 8 月 31 日我们观察到创业板成分指数在运行第五浪中，这时只有中科创达（见图 22）与全志科技技术形态最好。
可以判定它们是创业板这一波上涨龙头。

图 21

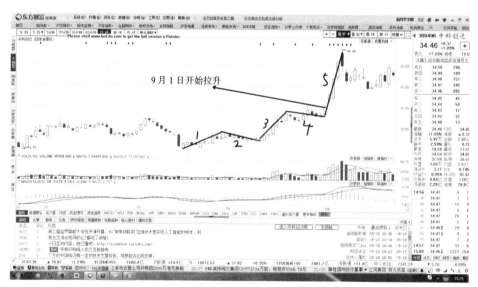

图 22

（3）在大盘 30 分钟级别 K 线行情中带领大盘上涨的龙头板块龙头股必是日线级别上涨，一般上涨幅度要翻倍。那么在大盘 30 分钟级别 K 线行情启动时在相应低位可以追涨龙头板块龙头股，即使龙头股低位涨停。同样的逻辑关系可以推出大盘 15 分钟级别上涨，可以追涨相应地带动龙头股，方式方法正如前一点讲的中科创达操作。这样如果大盘是日线级别上涨龙头板块龙头股更应该追涨。

通过以上的逻辑推理可以看出，为了保障操作的有效性，收益最大化，不是天天追涨，而是在相应大盘级别启动时最好、最有效。

（4）做龙回头，从操作的成功率与收益确定性来讲，做上一波行情的龙头板块龙头股的回调比较简单可靠。第一，龙头股对资金具有吸引力；第二，在上一波行情中主力资金很难一下出完。操作上最关键龙回头的买点，首先头部尽量不是复合顶，顶部不要放天量。这种个股反弹还有可能创新高。如图 23，万向钱

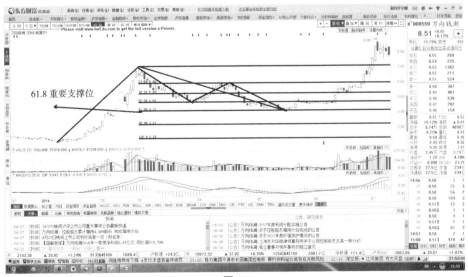

图23

潮2014年上半年走势。这是2014年春节行情龙头板块龙头股。

如果是复合顶或顶部K线放天量，反弹级别到位就要卖出。例如：西部建设在2017年6月中反弹在打到重要黄金分割线61.8破了30分钟K线级别下跌趋势和形态，产生30分钟K线级别三浪反弹（见图24）。

图24

例如，甘肃电投作为电改龙头，在大盘2016年10月30分钟级别反弹时，a、b、c三结构调整到位，产生三浪反弹，反弹幅度20%多。由于在顶部产生极限K线与天量，未能创新高（见图25）。

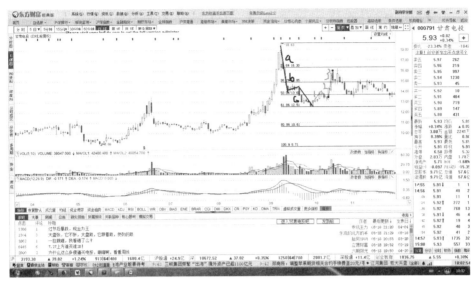

图 25

第四节 非牛市中牛股的把握

在股市中真正赚钱效应最大的机会主要在于，牛市与非牛市中你在低位抓到牛股。因为牛短熊长，特别是在以后的市场环境中，市场越来越规范，"妖股"几乎杜绝，那就要从个股基本面上着手。基本面好的个股怎样在低位抓到，而且抓住后不要持有太长时间就开始上涨，要从技术上找买点。

如果从基本面着手，首先要看个股中的资料。当我们看个股中很多资料时，研究起来很繁重，耗时耗力，一般我研究企业的成长性首先从个股中财务分析栏目入手，研究企业营业收入同比增长率、净利润同比增长率、营业总收入滚动环比增长（%）、归属净利润滚动环比增长（%）对比。

案例1：智飞生物技术上在2017年7月底出现买点，技术上有突破日线级别整理平台，同时有可能突破2013年以来四年整理大平台（见图26）。

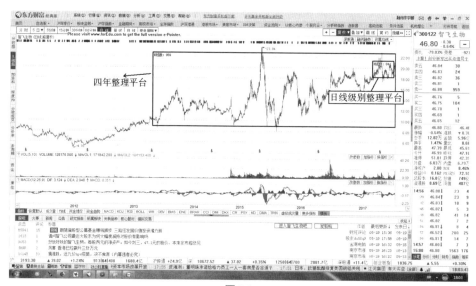

图26

智飞生物技术上出现买点，这时我们需要从基本面上研究智飞生物是否具备上涨的内在动能。从个股中我们看到中报业绩大幅预增，高速增长爆发在即。公司2017年中报业绩预告，预计盈利1.57亿~1.93亿元，同比增长预增1200%~1500%。2016年受到疫苗事件的影响，公司上半年业绩基本停滞，导致全年业绩大幅下滑，2017年以来公司业绩全面复苏，并且经营状况良好，取得较大增长。虽然2016年同期业绩基数较低仅为1204万元，但对比2014~2015年业绩情况（2015年中报1.08亿元，2014年中报0.96亿元），公司仍然取得较大的增长。公司潜力品种众多，研发管线储备良好，未来依靠三联苗的市场拓展，独家代理的重磅产品四价HPV和五价轮状（优先审评中）以及研发管线中的微卡、EC 诊断试剂等产品，公司未来业绩将迎来爆发增长。

最关键独家代理默沙东四价 HPV 上市销售在即，分享千亿蓝海市场。同时我们看到数据应收入环比增长非常良好。可以估算出 2017 年整体数据不会出现问题。同时 2017 年 8 月整体大盘环境良好，医药是热点之一，8 月 7 日与 8 日出现立桩量，可以持续介入。到 2018 年 5 月中股价与立桩量最高价比已经翻倍。

如图 27：箭头为财务分析栏目，方框为数据对比。

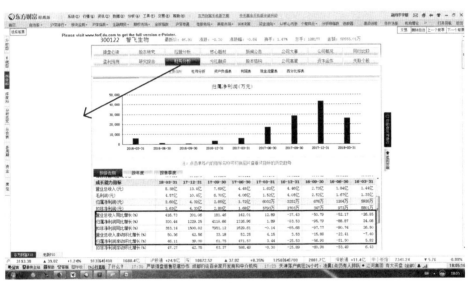

图 27

案例 2：用友网络是国内最优秀的财务软件公司，国内企事业单位财务软件很多都用用友软件，董事长王文京是国内非常优秀的企业家，但企业于 2016 年竟然出现亏损，什么原因？我们从个股中看到 2015 年公司实现营业收入 44.51 亿元，较上年同期增长 1.8%，实现归母净利润 3.24 亿元，较上年同期下降 41.2%。公司业绩大幅下降，主要系互联网业务加大投入，管理费用增长 3.66 亿元所致。另外，公司毛利率水平持续提升，经营性现金流、货币资金以及应收账款占流动资产比重表现强劲，说明其主营业务发展稳定、回款能力持续增强。转型企业互联网服务，未来面临巨大机会。公司互联网服务业务去年实现收入 8695 万元，同比增长 11360.1%，企业客户数超过 80 万家，较 2014 年末增长 436.6%，基本符合公司此前的业务规划。我们可以看出公司的亏损是由于公司为了转型企业互联网服务而大量投入造成，是为了更好地适应时代的发展，虽然财务上亏损，但我们看到收入的增加与客户量的增加，说明企业的投入产生了正效应。

如图 28：从方框内看出企业营业收入同比增长率，营业总收入滚动环比增长率表现良好。

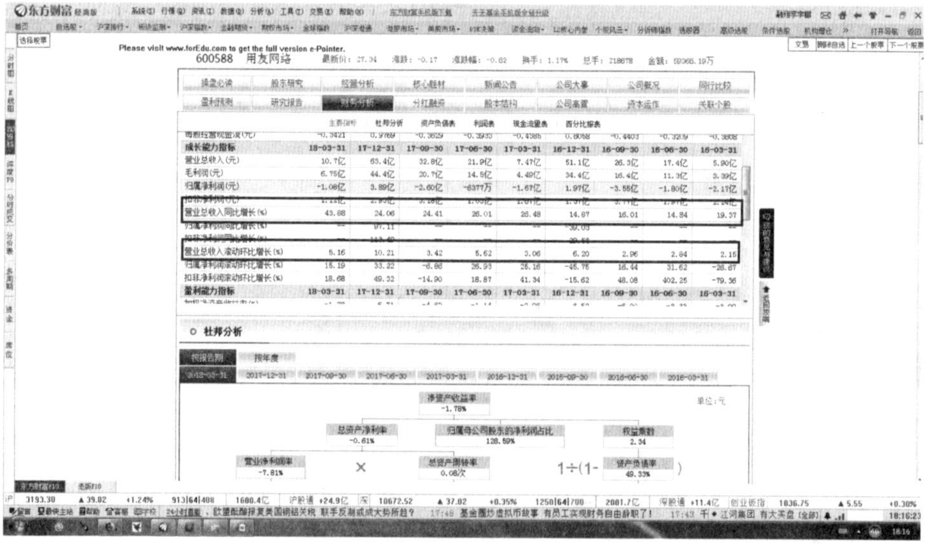

图 28

基本面得到支撑，关键找技术买点。从 2017 年 6 月日线级别上涨后，日线级别调整强势，最佳时期出现在 2018 年春节，从研报预期中 2017 年盈利，同时 2018 年大盘 2 月初大跌，但用友网络表现强势，说明护盘意愿非常强烈，而且用友网络是工业互联的龙头。大盘 30 分钟 K 线级别上涨，龙头板块龙头股翻倍，可以看出用友网络在突破日线级别调整平台的中低位都是买点（见图 29）。

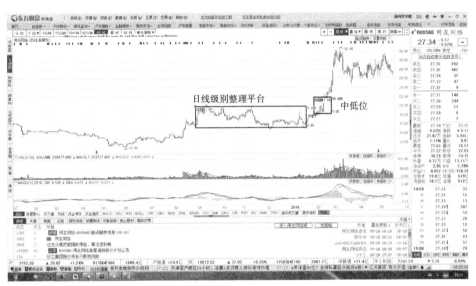

图 29

案例 3：医药股作为 2018 年上半年重要热点板块，我们看到医药股中海辰药业（见图 30）、长生生物（见图 31）、凯莱英（见图 32）在吸筹与启动时走出了几乎相同的技术形态。

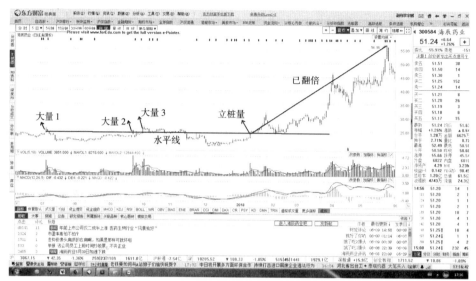

图 30

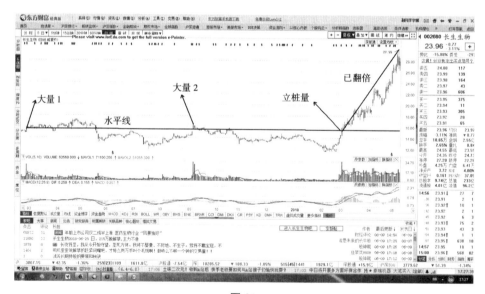

图 31

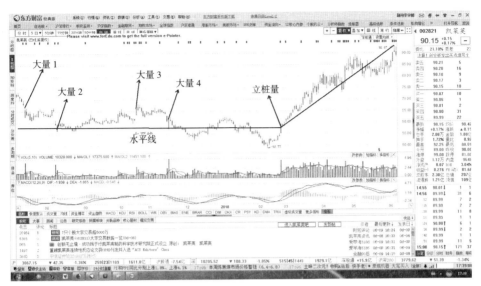

图 32

海辰药业（见图 33）、长生生物、凯莱英的技术形态表现非常好，再看一下这三只股基本面的表现，在营业收入同比增长率、净利润同比增长率方面都是两位数以上增长，环比增长也很好。

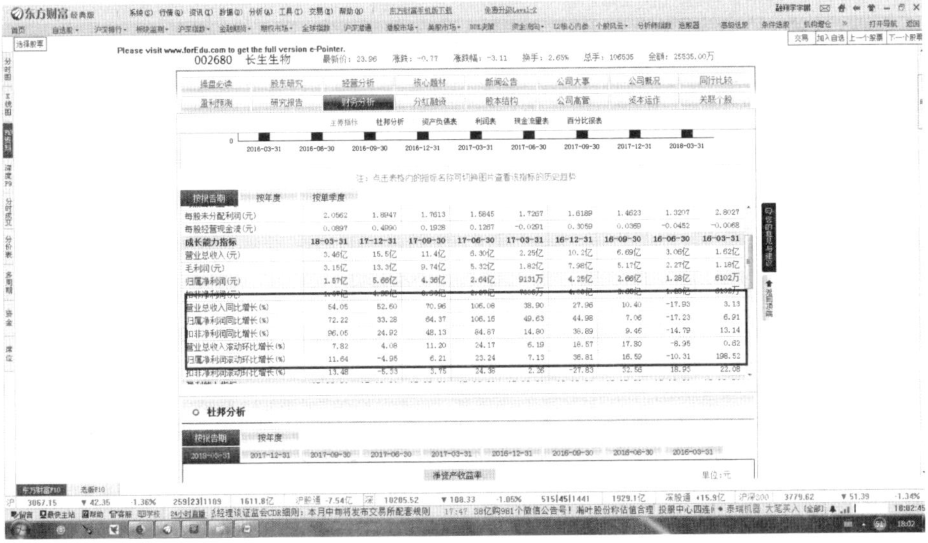

图 33

通过以上三个案例可以看出每次在大盘相应级别启动时，从技术面找到好的标的，再从基本面得到支持，就很容易找到牛股，即使大盘在弱势。

第五节　数浪要点

（1）不同浪行的产生已破趋势为标准。

（2）个股数浪最好与大盘的浪行结合。

（3）个股数浪最好以龙头板块龙头股作参照。

（4）一般调整浪时间空间都对称。

（5）一般三浪时间空间上都比较长。

（6）有些个股浪行结构在日线级别上未必看得清楚，但在周线上很容易看清。

（7）个股一般用三浪突破整理平台或重要压力位。

（8）龙头板块龙头股一般五浪结构。

第六节　操作个股四要素

操作好个股需要从技术面是否具备买入条件、基本面是否具备买入条件、是否符合热点、大盘是否具备买入条件四个方面入手。

（1）如果个股只是技术面具备买入条件，那么这只个股只能做短线。

（2）如果个股符合技术面与基本面买入条件，也只能做短线，但要持续观察。

（3）如果个股符合技术面与基本面买入条件，同时大盘具备买入条件，那么这只个股的卖出以大盘上涨结束为依据。

（4）如果个股符合技术面与基本面买入条件、大盘具备买入条件，同时符合热点，那么这只个股肯定是龙头板块龙头股之一，时间与空间都要大于大盘相应上涨级别。

第三篇

结构理论实战交易系统
思想篇

本篇主要分析在股市中生存的最好方法是以投资的心态而不是投机的心态。

第一节　方向比努力更重要

在股市中无论是以技术为主，还是以基本面为主，两者集合，始终争论不休，各有各的理由，作为普通投资更多的是在一种混沌状态，没有明确的方向。

在笔者二十多年的投资生涯中，很多的精力都放在了技术分析、热点把握和买卖点上，反而给予这个市场最核心的企业分析的时间太少。多少年来，见过很多的投资者，包括专业投资者，大家都很勤奋，在股市中不断地研究，不断地追逐，可是结果70%的都在亏钱。为什么？随着岁月的推移，则越来越发现，方向错了，努力也是白费。如不选择正确方向，会陷得更深。把股市当成赌场，一直投机，继续走下去，只会弄得千金散尽负债累累。

何为正确的方向？在股市中即使价值投资很多人也未必认可，我们可以从以下两个例子中得到启发。如果你在2010年前有两套房，现在你会感到很富足，因为国家需要通过投资拉动经济，房地产是重中之重。你现在出国很方便，费用也不多，这在2000年之前对很多人来说很难想象。所有这些对我们来说都不是我们多努力，我们依然重复着我们的生活，是因为国家发展，国家强大。那么在证券市场中我们是否可以重复这样的案例。也许你会想笔者错过了房地产投资，笔者会不会抓住证券市场中同样的机会。同样可以，关键要选择正确的努力方向。

第二节　方向的选择

笔者认为，股市中有两种挣钱的道路。

第一种就是博弈，就是你去挣别人的钱，别人挣你的钱，绝大多数的投资者在 A 股的市场追涨杀跌是属于这种。有一些风险大的，有一些行业我们根本不了解，或者接触不到，只是炒作一个股价短期的涨跌，意义不大，而且你最终被别人炒的概率是比较大的。

第二种随国家强大一起成长和企业壮大一起成长，去赚企业成长的钱，去赚国家强大的钱。这是一条大道和正道。

怎样赚国家强大的钱，笔者认为去买指数基金，指数到目前为止只是 3000 多点，随着我们国家的强大，国内生产总值超过美国，股市的成长肯定与之匹配，我们的指数不止是 1000 点，甚至 20000 点、30000 点。那么指数基金会给你带来巨大的回报。而且指数基金节省了企业基本面研究问题。只要你相信国家。

赚企业成长的钱就是我们说的价值投资。我们看到中国股市虽然涨涨跌跌，但是像茅台、伊利、格力等企业从小做到大一步一步做起来。价值投资的路伴随着企业的成长。

如果想更好地做好价值投资需要了解经济的"三驾马车"——进出口、投资、消费。我们的经济政策基本上就是围绕这三点进行。在 2011 年之前国家经济增长主要靠投资，所以我们看到有色、煤炭、房地产走得非常好。但是现在我们不能让房地产绑架我们的经济，对于投资拉动经济就会受到限制，而进出口由于贸易战的影响，很难再现以前的成绩。只有通过消费更好地拉动经济。所以对于一般的投资者来说，最佳的投资对象就是一个——消费类。我们发现消费类跟生活相关的，你所能接触到的这些企业，像吃得表现非常好，没有多高端，但是非常稳定。它们也是从未来的角度我们的投资者可以投这些稳健的企业，国家所倡导的美好生活。

第三节　对于投资标的应遵守的原则

以投资的思维做股票是一种在股市中长久获利的正确方向，但价值投资再好也需要在技术上找到一个更好的买卖点。结构理论操盘体系，就是通过结构、速率、时间、空间、趋势、形态对于好的价值投资标的找到一个更好的买卖点。

对于投资标的应遵守以下原则：

（1）一旦临盘操作应该抛弃所有的幻想，以自己的交易系统发出的买卖信号为主，自己的交易系统是最伟大的，战胜自我实际上就是抛弃自己的幻想，按交易系统进行操作。

（2）绝对不允许在没有任何依据的条件下，随意买卖，按自己的交易系统操作错了也是对的，不按自己的交易系统操作对了也是错的。按自己的交易系统操作，错了只是偶然，对了是必然；不按自己交易系统操作，对了是偶然，错了是必然。

（3）实战操作中，再完善的交易系统成功率都不可能是100%，不能因为自己交易系统的一次错误，而放弃执行交易系统。交易系统出错一定要控制好风险，一旦发现错误及时止损，大多交易系统出现错误时，都是因为没有辩证处理好外部环境和政策面或者没有把握好市场的节奏。

（4）综合辩证是应用好交易系统的根本，买入时条件一定要充分，卖出时不需要充分的条件，只要有必要条件，就可采取卖出行动。

（5）买卖点位的不同，只是利润的大小不同而已，任何股票能否上涨不是由跌多少决定的，而是买点是否发出。任何股票能上涨多少不是由股票已经上涨多少决定的，而是由卖出信号决定的，不要因为股价涨了多少而卖出，要以卖出信号为主。

（6）任何专家、任何老师、身边任何人的观点都不能作为买卖的信号，一定记住只有你的交易系统才是真正的买卖信号。如果你还没有建立起正确的理念和符合自己理念的交易系统，请你不要参与这个市场，你有再多的钱都会被市场吸完，没有任何依据的下单，即使再赚钱也会还给市场。

（7）保住利润，在下一个买点出现之前，你还有多少钱，是衡量你操作水平的唯一标准。来回坐电梯等于不会做股票，你属于无交易系统，你属于没有纪律的士兵。

（8）专业高手绝不羡慕别人的偶然成功，他们是凭自己高超的技术功底持久稳定地从市场中获取属于自己交易系统要求的利润。任何偶然的成功，对他们来说都不具有意义。

（9）在市场中只赚符合自己理念和交易系统的利润。记住，想把市场机会都抓住的人是不可能的。

（10）只有必然的获利才能持久，而必然的失败同样是能持久的，偶然的失败是不能持久的。而偶然的获利同样是不能持久的。在股市中我们不需要多少优点，只要坚持优点就行了，最主要的是缺点要少。

　　技术是死的，企业的发展是变化的。只有多储存价值企业，随时根据大盘相应级别找买卖点，才是在股市中长久生存之道。一个人在股市中赚钱的多少是由他的思想高度决定的。方向比努力更重要。在博弈中，当你能调动你的对手情绪时，最终好的运气会向你走来。